Heiße Feger

Mit Besen, Bürsten und Pinseln durchs Jahr

Marion Berger

Willkommen

Material

- Reisstrohbesen, 85 cm
- Sperrholz, 4 mm stark, 7 x 20 cm
- Filz: hautfarben, braun, rot, schwarz
- weißes Moosgummi
- Bastelfarbe: weiß, gelb, orange, grün
- Stoffmalstifte: weiß, schwarz
- schwarzer wasserfester Farbstift
- Holzstreuteile: Käfer, Herzen
- gelbes Schleifenband, 1,5 cm breit, 25 cm lang
- weißes Satinband, 3 mm breit, 20 cm lang
- Füllwatte

Zunächst den Teddy aus braunem Filz ausschneiden. Den Kopf, den Körper, die Füße und das rote Herz je zweimal zuschneiden, da sie mit Füllwatte ausgestopft werden. Die Beine, die Arme und die Ohren nur einmal ausschneiden. Alle Teile zusammenkleben. Die Schnauze und die Ohrinnenflächen aus hautfarbenem Filz, die Nase sowie die Augen aus schwarzem Filz zuschneiden und am Teddy fixieren. Anschließend mit Stoffmalstiften den Mund, den Bauchnabel mit einer Bauchfalte und einen Lichtreflex auf der Nase ergänzen.

Den Besenstiel grün kolorieren und das Sperrholz für das Schild gelb grundieren. Nach dem Trocknen mit einem schwarzen Farbstift den Willkommens-Schriftzug aufmalen und weiße Lichtreflexe mit Farbe auftragen. Das Schild zusätzlich mit kleinen aus Moosgummi geschnittenen Blümchen, Holzkäfern und -herzen dekorieren. Die Blumenmitten mit oranger Bastelfarbe betupfen und die Krabbelspuren der Käfer mit dem schwarzen Farbstift hinzufügen. Nun eine gelbe Schleife mit einem weißen Satinband abbinden. Den Teddy am Besen befestigen. Dazu die Schleife mittels weißem Satinband um den Hals des Teddys und den Besenstiel knoten. Zum Schluss das Schild an den Stiel kleben.

(Abb. siehe Seite 1)

Impressum:

© 2004 Bücherzauber Verlag GmbH, 41540 Dormagen

ISBN: 3-935997-84-1 Best.-Nr.: 97841

Fotos: Peter Wirtz, Dormagen
Styling: Angelika Nowotny, Agata Franica
Grafik/Zeichnungen: Daria Broda
Lithos: IMS Integrated Media Solutions GmbH, Köln
Layout/Satz/Bildbearbeitung: Marion Haustein, Dormagen
Druck: Grenz-Echo, Eupen www.grenzecho.be

1. Auflage 2004

Vorwort

Mit Fegen und Putzen ist jetzt Schluss! Geben Sie Ihrem Besen doch mal eine neue Aufgabe. Liebevoll dekoriert verschönert er den Eingangsbereich, heißt Ihre Gäste willkommen oder gratuliert zur Geburt eines neuen Erdenbürgers. Mit Country-Susi den Herbst begrüßen, mit Wichteln die Vorfreude auf Weihnachten steigern oder mit Borstel & Pinsel den Hobbyraum markieren. Egal, für welches Motiv Sie sich entscheiden – es sorgt in jedem Fall für jede Menge Freude beim Betrachter.

Ich wünsche Ihnen viel Spaß beim Gestalten von Besen, Bürsten und Pinseln.

Marion Berger

Danke!

Der Fa. Hobbygross Erler GmbH (efco) ein herzliches Dankeschön für die Materialunterstützung.

Material & Werkzeug

Tonkarton

Moosgummi

Farbstifte

Bastelfarben

Stoffmalstifte

Schere

Zierrand- oder Zackenschere

Cutter

Nadel und Faden

kleine Laubsäge

Mal- und Backpinsel

Heißkleber

Bastelkleber

Füllwatte

Sperrholz

Bänder

Holzstreuteile

Perlen

Außerdem:

- Weiden- und Reisstrohbesen
- Spülbürsten
- Garn
- Strickschlauch
- Stoffe
- Filz
- Blüten und Blätter
- Watte- und Styroporformen
- Metallfolie
- Weihnachtsdeko
- Hologrammflitter
- Fineliner
- Schaschlikspieße

So wird's gemacht!

Besen

Sowohl Reisstrohbesen als auch Weidenbesen gibt es im Bastelfachhandel oder auch in Heimwerkermärkten in unterschiedlichen Größen. Man kann sie jedoch auch selbst herstellen: Dafür einzelne Weidenäste mit Draht um einen Stiel binden und mit Heißkleber verkleben. Zum Dekorieren Blumen, Bänder oder Stofffiguren mit Heißkleber fixieren.

Bemalung

Die Bemalung von Holzschildern oder Besenstielen erfolgt mit matter Acrylfarbe. Die Gesichter auf den Stofffiguren mit Stoffmalstiften anfertigen. Für Styropor- oder Wattekugeln verwenden Sie am besten Acrylfarbe und wasserfeste Farbstifte.

Vorlagen übertragen

Das Motiv vom Vorlagenbogen auf Transparentpapier übertragen und ausschneiden.

Die entstandene Schablone auf Stoff oder Moosgummi legen, mit einem Bleistift umfahren und ausschneiden. Die Filz- oder Stoffteile zusammennähen oder -kleben und mit Watte füllen.

Frühling

Material

- Weidenbesen, 75 cm
- Bastelfarbe: weiß, hellbraun
- je 1 Wattekugel: Ø 3,5 cm, Ø 4 cm
- Tontopf, 4 cm hoch
- rosafarbenes Moosgummi
- brauner Filz
- 2 schwarze Halbperlen, Ø 6 mm
- Primelblüten und -blätter
- Margeritenblüten
- Krokusblüten
- Narzissenblüten
- Deko-Möhre
- 2 Holzstreu-Schmetterlinge
- grünes Organza-Schleifenband, 4 cm breit, 1 m lang
- gelbes Schleifenband, 3,5 cm breit, 1,5 m lang
- grünes Juteband, 4 cm breit, 75 cm lang
- gelbes Satinband, 3 mm breit, 1 m lang

Den Stiel mit weißer Bastelfarbe grundieren und nach dem Trocknen mit einem grünen Organzaband umwickeln. Das grüne Juteband in fünf 15 cm lange Stücke schneiden, alle zusammen mittig raffen und mit einer gelben Schleife versehen. Die herunterhängenden Enden spiralförmig drehen und am unteren Ende des Besens ankleben. Oberhalb der Schleife die Blüten und Blätter arrangieren. Zwei weitere Margeritenblüten am Besen platzieren. Einen Hasen aus zwei Wattekugeln zusammensetzen und mit hellbrauner Bastelfarbe bemalen. Dabei die Fläche für die Schnauze und die Zähne aussparen. Nun schwarze Halbperlen für die Augen und eine rosa Moosgummi-Nase sowie Filzohren aufkleben. Den Hasen in den Topf kleben und diesen ebenso wie eine Möhre mit Heißkleber am Besen fixieren. Abschließend zwei Holzstreu-Schmetterlinge am Stiel befestigen.

Happy Ostern

Lustige Hühner

Material

- 2 Backpinsel
- rote Wellpappe, 2 Stücke à 1,5 x 7 cm
- 2 halbe Watte-Eier, 30 x 38 cm
- 4 halbe Wattekugeln, Ø 12 mm
- Moosgummi: weiß, orange, rot
- Bastelfarbe: gelb, rot, grün, blau
- schwarzer Farbstift

Zunächst die Backpinsel komplett mit roter Farbe anmalen. Alle Einzelteile der Hühner vom Vorlagenbogen auf Moosgummi übertragen und ausschneiden. Anschließend die Hühner zusammensetzen. Nun die halben Wattekugeln als Augen und die zuvor bunt bemalten halben Watte-Eier aufkleben. Mit einem schwarzen Farbstift die Details laut Abbildung ergänzen. Die Wellpappestreifen zu Serviettenringen zusammenkleben und an den Rückseiten der Pinsel fixieren. Nun noch gefaltete Servietten in die Serviettenringe stecken und …

…fertig sind lustige Serviettenhalter für Ihr Osterfrühstück.

Küken

Material

- 2 Weidenbesen, 22 cm
- Sperrholz, 4 mm stark, 15 x 20 cm
- 1/2 Styroporkugel, Ø 10 cm
- Filz: weiß, orange, gelb
- Moosgummi: gelb, grün
- schwarzer Stoffmalstift
- gelbe Bastelfarbe
- 2 Deko-Möhren
- gelbe Federboa, 40 cm
- rotes Satinband, 3 mm breit, 35 cm lang
- gelbes Satinband, 3 mm breit, 50 cm lang

Zu Beginn den Kükenkörper aus Sperrholz sägen und ein kleines Loch für die Aufhängung bohren. Den Körper und den Styroporkopf mit gelber Bastelfarbe bemalen. Ein gelbes Aufhängebändchen durch das Loch des Körpers fädeln, den Kopf auf die Körperspitze kleben und die Rückseite des Kopfes mit einem gelben Filzkreis kaschieren. Dabei das gelbe Aufhängeband unter den Filzkreis legen. Nun die Moosgummi-Flügel und die Besenfüße mit Heißkleber an der Körper-Rückseite befestigen. Um den Hals, die Beine und auf den Kopf jeweils ein Stück gelbe Federboa kleben.

Aus Filz den Schnabel und die Augen schneiden und die Pupillen mit einem Stoffmalstift aufzeichnen. Beides am Kopf fixieren. Anschließend die ausgeschnittenen oder auch fertigen Moosgummi-Buchstaben auf ein rotes Satinbändchen kleben und dieses an den Flügelspitzen bzw. am Bauch befestigen. Zum Schluss die Möhren laut Abbildung mit Heißkleber anbringen.

HAPPY OSTERN

Alles Gute zur Hochzeit

Braut & Bräutigam

Material

- 2 Spülbürsten: hell, dunkel
- hautfarbenes Moosgummi
- schwarzer Filzrest
- Bastelfarbe: weiß, rosa, schwarz
- Deko-Zylinder, 2,5 cm hoch
- 2 Holzstreuherzen
- Schmuckstein
- schwarzer Fineliner
- weißes Satinband, 5 mm breit, 15 cm lang
- weißes Tüllband, 3 cm breit, 20 cm lang
- weißes Perlgarn

Die Stiele weiß bzw. schwarz kolorieren. Anschließend die Bürstenrückseiten mit Moosgummikreisen bekleben und die Gesichter mit einem Fineliner und Bastelfarbe aufmalen. Um den Kopf der Braut weißes Satinband kleben. Anschließend ein Schleifchen aus einem 7 cm langen Stück Tüllband ergänzen. Ein weiteres Stück Tüllband an einer Seite mit Perlgarn raffen, als Kragen an der Braut befestigen und einen Schmuckstein daran fixieren. Der Bräutigam erhält einen Zylinder und eine edle Filzschleife. Zum Schluss das lustige Brautpaar mit den Herzen dekorieren.

Hochzeitsbesen

Material

- Reisstrohbesen, 85 cm
- Rosenblätter-Girlande
- roter Rosenstrauß und rote Rosen
- weiße Beerensträußchen
- weiße Bastelfarbe
- Hologrammflitter
- Keramik-Engel mit Herz
- rotes Herzband, 2,5 cm breit, 50 cm lang
- rotes Schleifenband, 2,5 cm breit, 50 cm lang
- weißes Schleifenband, 2,5 cm breit, 25 cm lang
- weißes Tüllband, 9 cm breit, 60 cm lang
- weißes Satinband, 3 mm breit, 50 cm lang
- rotes Satinband, 3 mm breit, 50 cm lang

Den Besenstiel mit weißer Farbe grundieren und in die noch feuchte Farbe Hologrammflitter streuen. Nach dem Trocknen eine Rosenblätter-Girlande um den Stiel winden und einzelne Rosenblüten mit Heißkleber daran befestigen. Nun den Rosenstrauß mit den weißen Beerensträußchen am Besenansatz dekorieren. Das weiße Tüllband in vier gleichmäßig lange Stücke teilen, raffen und eine rote Schleife aufsetzen. Das Ganze mit dem weißen Band, dem Herzband, den Satinbändchen und dem Engel unterhalb des Rosensträußchens befestigen und lose herunterhängen lassen.

Willkommen Baby

Glückwunsch-Besen

Material

- 2 Mini-Reisstrohbesen, 22 cm
- Moosgummi: weiß, hautfarben
- weißer Tonkarton
- Filz: rosa, blau
- 2 halbe hautfarbene Moosgummi-Kugeln, Ø 20 mm
- Bastelfarbe: pink, blau
- schwarzer Fineliner
- 2 Sicherheitsnadeln
- weißer Tüll, 9 cm breit, 2 x 20 cm lang
- weißes Schleifenband, 1,5 cm breit, 2 x 20 cm lang
- weißes Perlgarn
- Zierrandschere

Die Besenstiele in Rosa und Blau kolorieren. Nun die Tüllstücke mit Perlgarn zusammenraffen und um die Stiele binden. Eine weiße Schleife ergänzen. Anschließend aus rosafarbenem bzw. blauem Filz gemäß Vorlagenbogen die Windeln zuschneiden, zusammenkleben und mit den Sicherheitsnadeln versehen. Die Babys aus den halben Moosgummi-Kugeln, die Nasen und je zwei Händchen fertigen, die Gesichter aufmalen und auf den Filz kleben. Abschließend die dekorativen Moosgummi-Herzen und die mit einer Zierrandschere ausgeschnittenen Schriftzüge laut Abbildung befestigen.

Baby-Besen

Material

- Reisstrohbesen, 85 cm
- 1/2 Styroporkugel: Ø 10 cm, Ø 7 cm
- Filz: weiß, gelb, rosa
- Moosgummi: weiß, gelb, hautfarben, rosa, pink
- 2 halbe Wattekugeln, Ø 12 mm
- 4 halbe Wattekugeln, Ø 15 mm
- 3 halbe Wattekugeln, Ø 20 mm
- Bastelfarbe: hautfarben, rosa, pink
- schwarzer Farbstift
- Sicherheitsnadel
- weißes Satinband, 5 mm breit, 60 cm lang
- rosa Satinband, 2,5 cm breit, 50 cm lang
- Perlenband, 40 cm
- rosa Organzaband, 4 cm breit, 2 m lang
- rosa Satinband, 3 mm breit, 50 cm lang

Zunächst alle Halbkugeln hautfarben grundieren und den Besenstiel in Pink gestalten. Die beiden Styroporkugeln als Bauch und Kopf laut Abbildung auf dem Besen fixieren, die Filzwindel aufkleben und eine Sicherheitsnadel daran befestigen. Nun die Moosgummi-Füße mit den Halbkugel-Zehen hinzufügen.

Mit einem schwarzen Farbstift und rosa Farbe das Gesicht aufmalen und die Nase, die Filzhaare, eine Haarschleife sowie einen Moosgummi-Schnuller ergänzen. Anschließend ein schmales weißes Satinbändchen um den Besenstiel wickeln, das rosa Satinband mit dem Perlenband um den Besenansatz binden und darauf mit einem rosa Satinbändchen eine große Pomponschleife aus Organzaband setzen.

Abschließend aus Moosgummi einen Schnuller, eine Nuckelflasche und Herzen fertigen und damit den Besen dekorieren.

Alles Gute
Willkommen

Klaus & Trudi

Material

- 2 Backpinsel
- hautfarbenes Moosgummi
- weißer Filz
- 2 halbe Watte-Eier, 30 x 38 mm
- 2 Holzfüße, 15 x 20 mm
- karierter Stoff: rotweiß, schwarzweiß
- Bastelfarbe: weiß, hautfarben, rosa, rot
- 2 Margeritenblüten und -blätter
- weißes Satinband, 3 mm breit, 25 cm lang
- rotes Satinband, 3 mm breit, 50 cm lang
- Deko-Nudelholz
- Holzspieß
- weißes Garn
- schwarzer Fineliner

Die halbierten Watte-Eier hautfarben bemalen und nach dem Trocknen mit einem Fineliner und Farbe die Gesichter aufmalen. Für die Kochmütze einen Filzkreis mit Garn zusammenraffen. Eine Filzborte ankleben und die Mütze am Kopf befestigen. Das Kopftuch gemäß Vorlagenbogen aus kariertem Stoff schneiden, an bzw. um den Kopf kleben und zusätzlich ein kleines Stück verknoteten Stoff oben aufsetzen. Die Jacke und das Kleid doppelt aus Filz bzw. rot kariertem Stoff schneiden, an den Außenkanten zusammenkleben und über die Pinsel ziehen. Das Schürzchen von Trudi mit dem Satinband verbinden und um ihre Hüfte schnüren. Sie erhält außerdem einen weißen Filzkragen, bestehend aus zwei kleinen Stücken. Die beiden Hosenbeine von Klaus aus schwarzweiß kariertem Stoff schneiden, schlauchartig zusammenkleben und von unten in der Jacke fixieren.

Nun die Holzfüße schwarz grundieren und ansetzen. Die Moosgummi-Hände bzw. -Arme in die Ärmelöffnungen kleben, die Küchenutensilien in die Hände geben und Margeriten an den Stielen befestigen.

Bin im Garten

Material

- Reisstrohbesen, 150 cm
- Sperrholz, 4 mm stark, 9 x 25 cm
- Jeansstoff, 2 Stücke à 25 x 25 cm
- hautfarbener Trikotstoff, 18 x18 cm
- Filz: hautfarben, gelb, orange, rot, grün
- braunes Moosgummi
- weißes Teddyfell
- Bastelfarbe: weiß, gelb, azurblau, ultramarinblau
- Tontopf, 7 cm hoch
- Blecheimer
- 3 große Margeriten
- kleiner Margeritenstrauß
- Holzstreuteile: Käfer, Schmetterlinge, Sonne
- 2 Nikolausstiefel
- 2 Hosenträger-Klammern
- Stoffmalstifte: weiß, rosa, schwarz
- kariertes Band, 2,5 cm breit, 70 cm lang
- Füllwatte

Den Kopf des Gartenzwergs aus Trikotstoff zuschneiden, zusammennähen, mit Füllwatte ausstopfen und das Gesicht mit Stoffmalstiften aufmalen. Den Bart aus Teddyfell, zwei Filzohren, eine ausgestopfte Filznase und eine grüne Filzmütze ergänzen. Den Besen mit Garn in zwei Hälften abbinden und über die so entstandenen Füße gelb angemalte Nikolausstiefel ziehen. Die Jeansstücke seitlich zusammenkleben, an der unteren Kante mittig ca. 5 cm einschneiden und die Hosenbeine formen. Anschließend einen roten Filzflicken auf ein Knie kleben.

Den Pullover aus gelbem und orangefarbenem Filz fertigen und über den Stiel ziehen. Nun die Jeanshose von unten über die Gummistiefel stülpen und beide Teile miteinander verkleben. Die Hosenträger aus kariertem Band und den Klammern geben zusätzlichen Halt. Zwei ausgestopfte Filzarme in die Ärmel kleben.

Die Öffnung eines Tontopfes mit einem braunen Moosgummi-Kreis verschließen, den Margeritenstrauß darin befestigen und dem Zwerg den Topf sowie einen Blecheimer in die Hände geben.

Das Sperrholzstück blau kolorieren und nach dem Trocknen den Schriftzug auftragen. Das Schild zusätzlich mit einigen Holzstreuteilen dekorieren. Die Krabbelspuren der Tiere mit weißer Farbe andeuten und den Schriftzug damit schattieren. Zum Schluss das Schild und einige Margeriten auf dem Stiel platzieren.

Mister Frosty

Material

- Weidenbesen, 75 cm
- gelber Tonkarton
- blauer Alukarton
- Filz: weiß, rosa, orange, blau, schwarz
- Wattekugel, Ø 25 mm
- Styroporkugel, Ø 6 cm
- Styropor-Ei, 6 x 8 cm
- Bastelfarbe: dunkelblau, schwarz
- blauweiß gestreifter Strickschlauch, 4,5 cm breit, 65 cm lang
- blauer Aludraht
- Hologrammflitter
- Hologramm-Eiskristall-Pailletten
- schwarzer Farbstift
- silberne Dekoschnur
- weißes Garn
- Füllwatte
- Schaschlikspieß
- Cutter

Den Besenstiel blau grundieren, in die feuchte Farbe Hologrammflitter streuen und nach dem Trocknen mit silberner Dekoschnur umwickeln.

Aus weißem Filz für den Schneemann je zwei Kreise mit einem Durchmesser von 13 und 20 cm ausschneiden. Anschließend aus blauem Filz vier Kreise mit einem Durchmesser von 5 cm für die Ohrenschützer schneiden, zusammennähen und mit Watte füllen. Den Kopf und den Körper ebenfalls jeweils zusammennähen, mit Watte stopfen und zusammenfügen. Nun die Ohrenschützer mit einem spiralförmig gebogenen Aludraht verbinden und am Kopf befestigen. Die Augen, die Bäckchen, die aus einem Viertelkreis zusammengeklebte Filznase und der mit einem schwarzen Farbstift aufgemalte Mund vervollständigen den Kopf.

Die Watte- und Styroporformen mit dem Cutter jeweils halbieren und als Arme, Füße und schwarz bemalte Knöpfe am Körper befestigen. Die Kufen der Schlittschuhe aus blauem Alukarton ausschneiden und vorsichtig in die Styropor-Eier kleben.

Den Warnhinweis auf ein Schild aus gelbem Tonkarton schreiben und an einem blauen Schaschlikspieß befestigen. Das Schild an der rechten Hand befestigen und den Schneemann mit seinem Schal am Besen festbinden. Zum Schluss mit Heißkleber einige Hologramm-Eiskristall-Pailletten auf dem Besen anordnen.

Hobby-
Raum

Borstel und Pinsel im Hobbyraum

Material
- 2 alte Pinsel
- hautfarbenes Moosgummi
- starke weiße Pappe
- Bastelfarbe: weiß, gelb, rot, hellblau, grün, schwarz, metallic blau, metallic grün
- schwarzer Fineliner
- schwarzer Farbstift
- gelbes Satinband, 3 mm breit, 80 cm lang
- Lochzange
- Cutter

Zunächst die Pinselstiele mit den Metallic-Farben grundieren und zwei Köpfe aus Moosgummi auf die Metallstücke der Pinsel kleben. Die Nasen und Hände ebenfalls aus Moosgummi fertigen und die Gesichter mit einem Fineliner sowie den Bastelfarben aufzeichnen. Die Farbpalette aus fester Pappe ausschneiden und mit großzügigen Farbklecksen versehen. Dafür die dunklen Blautöne mit Schwarz anmischen. Wenn die Farbe getrocknet ist, den Schriftzug aufmalen. Mit einer Lochzange seitlich zwei Löcher in die Palette stanzen und ein Band zum Aufhängen durchfädeln. Zum Schluss die beiden Pinsel hinter und die vier Hände auf die Palette kleben.

Herbstzeit

Großer Besen

Material

- Weidenbesen, 75 cm
- grüne Bastelfarbe
- grüne Herbstblättergirlande
- rote Herbstblätter
- 3 große Sonnenblumen mit Blättern
- 2 kleine Sonnenblumen
- gelbes Satinband, 3 mm breit, 2 m lang
- Sonnenblumenband, 4 cm, 50 cm lang
- Jutestoff, 15 x 25 cm

Den Stiel des großen Besens grün grundieren und mit einer Blättergirlande umwickeln. Den Jutestoff mit einem gelben Satinband mittig abbinden, eine Sonnenblumenschleife davor setzen und das Ganze um den Besen binden. Das Satinband dabei in der Mitte herunterhängen lassen. Die großen Sonnenblumen an der Schleife fixieren und zum Schluss die kleinen Sonnenblumen sowie eine rote Blätterranke am Besen anordnen.

Kleiner Besen

Material

- Weidenbesen, 22 cm
- Efeublätter-Girlande
- Sonnenblumen mit Blättern
- Mohn- und Kornblüten
- 2 Herbstblätter
- gelbes Satinband,
  3 mm breit, 40 cm lang
- gelbes Taftband,
  15 mm breit, 30 cm lang

Der kleine Besen erhält ebenfalls eine Blätterranke, die abwechselnd mit einem schmalen Satinband um den Stiel gewickelt wird. Eine Schleife aus beiden Bändern binden, das schmale mittig herunterhängen lassen und mit einigen Blüten am Besen befestigen. Abschließend mit Heißkleber zwei Herbstblätter aufsetzen.

Country-Susi

Material

- Reisstrohbesen mit rotem Stiel, 85 cm
- Kantholz, 1 cm breit, 30 cm lang
- Baumwollstoffe: rotweiß kariert, blau mit Muster, rot mit Muster
- verblichener Jeanshosenrest
- hautfarbener Trikotstoff
- Stoffmalstifte: weiß, rosa, rot, schwarz
- weißes Perlgarn
- Holzwolle
- Sonnenblume
- Füllwatte

Den Kopf aus Trikotstoff gemäß Vorlagenbogen doppelt zuschneiden, von links zusammennähen, wenden und durch die Halsöffnung mit Füllwatte ausstopfen. Die Haare aus Holzwolle am Kopf annähen und mit kariertem Stoff zu zwei lustigen Zöpfen abbinden. Anschließend das Gesicht mit Stoffmalstiften aufzeichnen.

Ein Oberteil aus rotem Stoff zuschneiden, die Nähte verkleben und über den Besen ziehen. Das Kantholz an den Enden mit Holzwolle umkleben und durch die Ärmel ins Oberteil schieben. Nun die Ärmel am Ende mit Perlgarn um das Holz binden. Für die Hose aus einer alten Jeanshose zwei Stücke von 25 x 25 cm herausschneiden. Dabei darauf achten, dass für das Vorderteil eine Hosentasche vorhanden ist. Die Seitennähte zusammenkleben und für die Beinausschnitte ein kleines Dreieck in die Mitte der Unterkante schneiden. Den Besen durch Abbinden mit Perlgarn in zwei Hälften teilen. Die Hose darüber ziehen und diese mit Hosenträgern aus 2,5 cm breiten und etwa 25 cm langen Jeansstreifen an den Schultern befestigen. Den Kopf in den Halsausschnitt stecken und mittels Heißkleber am Stiel befestigen.

Zuletzt ein dreieckiges Tuch aus blauem Stoff um den Hals binden, einen kleinen karierten Flicken auf die Jeans kleben und eine Sonnenblume in die Tasche stecken.

Material für Gespensterbesen

- Weidenbesen, 50 cm
- Filz: weiß, schwarz, rot
- Moosgummi: weiß, orange, schwarz, grün
- rotweiß karierter Stoff
- 1/2 Wattekugel, Ø 35 mm
- Bastelfarbe: blau, orange
- weißer Funliner
- Füllwatte
- Metallkette, 65 cm
- Stoffmalstifte: weiß, schwarz

Trixi und Booh

Hexenbesen

Material Rabe

- je 1 Wattekugel: Ø 25 mm, Ø 35 mm
- Filz: orange, schwarz
- Moosgummi: orange, schwarz
- 2 ovale Wackelaugen, Ø 8 mm
- schwarze Bastelfarbe
- schwarze Dekofedern

Material Hexe

- Reisstrohbesen, 85 cm
- grünes Moosgummi
- Filz: weiß, gelb, rot, hellgrün, grün, blau, schwarz
- gemusterter Baumwollstoff: blauweiß, rotweiß
- orangefarbene Bastelfarbe
- grüner Baumwollstoff
- roter Bast
- Füllwatte
- Zackenschere
- Dekospinnen

Den Besenstiel orangefarben grundieren. Den Hexenkopf aus grünem Baumwollstoff zuschneiden, von links zusammennähen, wenden und mit Watte füllen. Die Augen, den Zahn und die Nase aus Filz fertigen und aufkleben. Den Mund mit einem Farbstift aufzeichnen. Für das Kleid zwei schwarze Filzteile, blaue und etwas längere rote Ärmel zuschneiden, zusammenkleben und über den Besen ziehen. Der gelbe Filzkragen verbindet das Kleid mit den Ärmeln und kaschiert den Halsansatz des Kopfes, der nun auf den Besen geklebt wird. Den Hut aus einem Kreis und einem zur Tüte gedrehten Filzstück zusammensetzen. Die Hexe anschließend mit roten Baststrähnen als Haare versehen und den Hut aufsetzen. Zuletzt grüne Moosgummi-Hände in den Ärmelöffnungen fixieren und das Kleid mit bunten Flicken verzieren.

Der Rabe besteht aus zwei schwarz grundierten Wattekugeln. Zwischen die Kugeln eine schwarze Dekofeder fassen. Den Haarschopf und die Füße aus Moosgummi, die Flügel aus schwarzem Filz, einen kleinen orangen Filzschnabel sowie die Wackelaugen ergänzen. Nun den Raben auf der Schulter der Hexe platzieren und einige Dekospinnen auf dem Stiel anordnen.

Gespensterbesen

Den Gespensterkörper gemäß Vorlagenbogen zweimal aus weißem Filz ausschneiden, am Rand zusammenkleben und mit Füllwatte ausstopfen. Die Arme und das Unterteil einfach ausschneiden und unterkleben. Mit einem Stoffmalstift den Mund, die Augenbrauen, einen Bauchnabel und die Bauchwölbung aufmalen. Nun eine Moosgummi-Nase und Filzaugen hinzufügen. Den Schriftzug in einem Stück zuschneiden. Die Fledermaus aus Moosgummi fertigen und mit einem schwarzen Farbstift bzw. einem weißen Funliner das Gesicht und die Konturen aufmalen. Eine rote Filznase komplettiert das Gesicht. Für den Kürbis eine halbe Wattekugel orange anmalen, das Gesicht mit einem schwarzen Stift ergänzen und die Moosgummiblätter ankleben. Nun den Besenstiel blau grundieren und die Einzelteile mit Heißkleber am Besen fixieren.

Bin im Garten

Santa Claus

Material

- Weidenbesen, 75 cm
- 1/2 Styroporkugel, Ø 10 cm
- Wattekugel, Ø 20 mm
- Filz: weiß, rot
- weißer Pompon, Ø 25 mm
- Bastelfarbe: hautfarben, rosa, grün
- Tannenzweig und Tannenzapfen
- Zimtstangen und Zuckerstange
- Weihnachtssternblüte
- rotes Schleifenband, 4 cm breit, 60 cm lang
- 2 blaue Deko-Kugeln
- 2 Deko-Sterne
- Jutestoff, 35 x 70 cm
- schwarzer Farbstift
- Füllwatte
- Schaschlikspieß
- Zackenschere

Den Besenstiel grün anstreichen. Das Jutestück auf die Größe 35 x 35 cm zusammenkleben und über den Besen ziehen. Das offene Ende unten nach innen einschlagen und am Besen festkleben, den Sack mit Watte füllen und oben mit einem roten Band zuschnüren. Einen roten Filzflicken mit einer Zackenschere auf die Größe 4 x 4 cm zuschneiden und auf den Sack kleben.

Die Wattekugel als Nase auf der Styroporkugel befestigen und das Ganze hautfarben bemalen. Die Augen mit einem schwarzen Farbstift und die Wangen mit rosa Farbe auftragen. Aus Filz die Mützenteile sowie einen Bart schneiden und am Kopf fixieren. Den Mützenabschluss bildet ein weißer Pompon. Einen Schaschlikspieß von unten in den Kopf stecken und diesen zusammen mit einem Tannenzweig in die Öffnung des Jutesackes stecken. Den Tannenzweig mit Zimt- und Zuckerstangen, einem Tannenzapfen, einem Weihnachtsstern sowie den Deko-Kugeln verzieren. Zuletzt zwei Deko-Sterne auf dem Besenstiel befestigen.

Schaschlikspieß wickeln, ablösen und als Fühler in den Kopf bohren. Die Fühlerenden mit roten Holzperlen versehen. Zuletzt ein kleines Moosgummi-Blümchen mit einem gelben Farbtupfer in der Mitte auf den Bauch kleben.

Glücksbesen

Schornsteinfeger

Material

- Mini-Reisstrohbesen, 22 cm
- 1/2 Watte Ei, 30 x 38 cm
- 2 Wattekugeln, Ø 15 mm
- Filz: weiß, schwarz
- Moosgummi: gelb, hautfarben, grün
- gelber Tonkarton
- Bastelfarbe: hautfarben, rot
- Deko-Zylinder, 15 mm hoch
- Dekopilz und Dekokäfer
- 2 Zahnstocher
- schwarzer Fineliner
- weißes Garn
- Zierrandschere

Das Mäntelchen aus schwarzem Filz zuschneiden, um den Besen kleben und die beiden Ärmel ergänzen. Das halbe Watte-Ei und die Wattekugeln hautfarben grundieren. In die Hände je einen halben Zahnstocher stecken. Den Kopf am Stiel und die Zahnstocherärmchen in den Ärmeln fixieren.

Nun ein weißes Filzstück mit Garn zu einer Fliege binden und an den Hals kleben. Die Moosgummi-Nase ankleben und das Gesicht mit einem schwarzen Fineliner und roter Bastelfarbe vervollständigen. Den Zylinder auf den Kopf kleben. Schließlich das Mäntelchen mit einem Moosgummi-Kleeblatt, einem mit einem Marienkäfer geschmückten Moosgummi-Hufeisen und einem Fliegenpilz verzieren. Zuletzt ein gelbes Tonkarton-Schild, zugeschnitten mit einer Zierrandschere, mit dem Schriftzug „Happy New Year" versehen. Das Schild an ein Zahnstocherende kleben und dem Glücksbringer in die Hand geben.

Schweinchen

Material

- Mini-Reisstrohbesen, 13 cm
- Wattekugel, Ø 20 mm
- Moosgummi: rosa, grün
- rosa Filz
- Bastelfarbe: rosa, rot
- schwarzer Fineliner

Den Bauch des Schweins aus Filz zuschneiden und um den Besen kleben. Den Wattekopf, wie auf dem Vorlagenbogen gezeigt, mit einem Cutter auf der Rückseite begradigen, rosa grundieren und am Besenstiel befestigen. Die Ohren aus Filz und die Arme, die Schnauze sowie das Kleeblatt aus Moosgummi fertigen. Die Teile laut Abbildung am Kopf und am Körper platzieren. Zuletzt mit einem Fineliner und roter Bastelfarbe das Gesicht aufzeichnen.

Käfer

Material

- Mini-Reisstrohbesen, 13 cm
- Wattekugel, Ø 25 mm
- Filz: rot, schwarz
- weißes Moosgummi
- Bastelfarbe: gelb, hautfarben, rot
- 2 rote Holzperlen, Ø 5 mm
- schwarzer Fineliner
- schwarzer Draht

Den Wattekugelkopf mit einem Cutter an der Rückseite begradigen, hautfarben grundieren und am Besenstiel befestigen. Die beiden Körperteile aus schwarzem Filz zuschneiden, um den Besen kleben und rote Filzflügel hinzufügen. Die Punkte aus schwarzen Filzkreisen ergänzen. Mit einem Fineliner sowie roter Farbe das Gesicht aufmalen und eine rote Filznase aufkleben. Nun den Draht zum Formen um einen

Wendy & Willy Wichtel

Material

- 2 Reisstrohbesen mit rotem Stiel, 85 cm
- Moosgummi: hautfarben, gelb, braun
- Filz: grün, rot, weiß, gelb, blau
- 2 halbe Styroporkugeln, Ø 8 cm
- 2 Styropor-Eier, Ø 6 cm
- Bastelfarbe: hautfarben, rosa, grün, weiß
- rotweiß gestreifter Stoff
- 2 Holzstäbchen, Ø 5 mm, ca. 6 cm lang
- weißes Band, 2 cm breit, 2 x 80 cm
- rote Zackenlitze, 20 cm
- 2 schwarze Knöpfe
- gelbe Wolle
- grünes Nähgarn
- Farbstifte: rot, schwarz
- Zierrandschere

Zu Beginn um den roten Stiel ein weißes Band wickeln und fixieren. Die Kleidung von Wendy und Willy gemäß Vorlagenbogen aus Filz und dem rotweiß gestreiften Stoff ausschneiden. Die Seitennähte der Hemden zusammenkleben und über die Besen ziehen. Den Rock aus zwei 25 x 20 cm großen grünen Filzstücken ebenfalls an den Außennähten zusammenkleben, am oberen Bund mit grünem Garn raffen, über den Besen ziehen und am Hemd fixieren. Die Schürze aus weißem Filz mit einer roten Litze verzieren und an den Rock kleben. Zwei bunte, mit einer Zierrandschere ausgeschnittene Filzflicken vervollständigen das Outfit der Wichteldame.

Die einteilige grüne Filzhose des Wichtels auf dem Besen an das Hemd kleben. Nun die gestreiften Beine verkleben. Dabei die Holzstäbchen mit festkleben und die Enden der Holzstäbchenbeine in den Füßen aus halbierten und grün bemalten Styropor-Eiern fixieren.

Die Füße von Wendy am Rock und am Besen befestigen. An Willys Hose die Stoffbeine mit Füßen, Hosenträger, schwarze Knöpfe und einen Filzflicken befestigen.

Für die Köpfe die Styropor-Kugel hautfarben kolorieren, halbieren und mit den Farbstiften und rosa Bastelfarbe das Gesicht aufmalen. Die Nasen, die Ohren, die Hände, die Sterne und die weiß bemalten Lebkuchen aus Moosgummi laut Abbildung hinzufügen. Die Ohr- und Handkonturen mit einem schwarzen Stift ergänzen. Anschließend erhält die Wichteldame lustige Zöpfe aus gelber Wolle. Dazu 15 Wollfäden von je 40 cm Länge mittig zusammenbinden und in beiden Richtungen zu Zöpfen flechten. Diese am Kopf befestigen und ein paar freche Fransen in die Stirn kleben. Die Mützen auf den Köpfen platzieren und den Wichtelmann mit einer hübschen roten Fliege schmücken. Zuletzt die Köpfe mit Heißkleber an den Besenstielen fixieren.

VORSICHT
GLATTEIS!